따뜻한 대답이라고
정답은 아니였다

국립국어원 맞춤법을 따르되, 글맛을 살리기 위해 대화 등 일부는
지은이 고유의 표기를 반영합니다.

따뜻한 대답이라고
정답은 아니었다

시집

글·그림

배정환

여는 글 006

1. 매일 밤 나에게 편지를 적었다 009

2. 넌 말했지, 사랑은 받을 줄도 알아야 한다고 065

3. 꽃 한 송이로도, 충분히 아름답다 107

닫는 글 146

여는 글

우리는 각자의 방식으로 상처를 어루만지며, 때로는 아주 작은 것들 속에서 위로를 얻으며 살아갑니다. 누군가는 따뜻한 말 한마디에 하루를 견딜 힘을 얻고, 또 누군가는 시 한 줄에 억눌렸던 눈물을 쏟아내기도 합니다.

위로를 얻는 가장 쉬운 방법이 따뜻한 대답일 수는 있지만, 그것만이 전부는 아닙니다. 슬픈 영화를 보며 눈물을 흘리고 그 안에서 위안을 찾듯, 타인의 상처에 진심으로 공감할 수 있다면, 그것 또한 깊은 위로가 될 수 있다고 믿습니다. 비슷한 아픔을 공유하며 느끼는 공감은 때로는 "괜찮아", "힘내"라는 말보다 더 큰 힘을 주고, 우리는 그 속에서 스스로 다시 일어날 수 있는 용기를 얻게 됩니다.

그래서 이 책에는 따뜻한 말뿐만 아니라, 작가의 솔직한 상처들도 고스란히 담았습니다. 누구나 한 번쯤은 겪어본 아픔과, 혼자서 오랫동안 품고 있던 고민까지 모두 적었습니다. 작가의 있는 그대로의 모습을 드러내고, 독자들이 자신의 상처를 보듬고 공감할 수 있도록 이끌며, 그 끝에 진심 어린 위로를 건네고 싶었습니다.

  6년이란 시간동안 꾸준히 글을 쓰며, 오랜 시간 진심을 담았습니다. 그렇게 오래 쓰인 만큼, 이 책이 여러분 곁에 오랫동안 머물며 지친 일상에 작은 위로와 공감을 건넬 수 있기를 바랍니다. 꼭 따뜻한 말이 아니더라도, 글에 담긴 이야기와 진심이 지금, 이 책을 펼친 당신에게 조용히 닿기를 바랍니다.

1. 매일 밤 나에게 편지를 적었다

필연적 방황

스스로에게 하고 싶은 말이 너무 많아
매일 잠들기 전, 나에게 편지를 적었다

나는 왜
익숙한 길로 나아갈 수 있지만
계속 새로운 길로 눈길을 돌리는 건지

원하는 결과를 눈앞에 두고도
만족과 결핍을 동시에 느끼는 건지

작은 것을 쉽게 놓지 못하고
얕은 연못에서 허우적거리는 건지

무엇이 되고 싶은 건지
무엇으로 남겨지고 싶은 건지
지금은 어디쯤 와 있는 건지

그렇게 편지가 침대를 잔뜩 뒤덮어
잠에 들기 힘든 밤이 찾아올 때면

방황은 필연적으로
내 곁에 다가왔다

도미노

시간이 흐를수록
초심은 점차 흔들리기 마련이었다

결국 휘청거리던 마음은
고작 산들 바람에 쓰러져 버렸고
그 위로 겹겹이 세워진 감정들은
서로를 무섭게 무너뜨리며

끝끝내
그 마지막에 서 있던
나마저 넘어뜨렸다

사회

수십 개, 내지 수백 개

아무리 잘, 못을 박아놓아도

잘못 한 번에, 모두 뽑혀버리는 것이었다

의지박약

무언가를 열심히 하려 할 때면
의지는 늘, 발목까지 빠르게 차오르다
그 언저리에서 멈췄다

차오르면 벗어나고
다시 차오르면 또 벗어나고

그렇게, 수십 개의 웅덩이를 오가며
내가 할 수 있었던 변명은
오직 자리를 탓하는 것 뿐이었다

기대어

기대는 하나의 언어였을 뿐
어느 곳에도 기대어 있지 못했다

자의적 불안

도대체 무엇에 발목이 잡혀
매일 밤 큰 태풍을 만들며
잠을 이루지 못했던 걸까

막상 닥쳐 온건
모든 걸 집어삼키는 태풍이 아닌
그저 시원하게 스치는
산들 바람에 불과했던 것을

11월, 셋째 주, 목요일

노력에 바래진 책을 보며
자책하길 바란 건 아니었고

노력에 바래진 과거를 떠올리며
울먹이길 바란 것도 아니었다

이젠 나를 놓아주었으면
그저 어디론가 날아갔으면 하는
바람

스쳐 가는 얕은 바람에도
무척이나 아픈 날이었다

난독증

살아온 삶을 책으로 쓴다면
수십 권이 넘을 테고
여전히 쓰이고 있는 중인데

대부분은 그중 하나를 집어 들어
몇 페이지만 대충 훑어본 뒤
나를 바라보며, 단정적으로 말한다

"너의 장르는 비극이구나"

한 악마의 기록

인간은 너무도 나약했다

작은 속삭임에도
너무 쉽게 누군가를 미워했고
작은 시련에도
너무 쉽게 좌절했다

나약하고 또 나약했기에
나의 이 검붉은 그림자만이라도
닮기를 갈망하는 이들은 점점 늘어갔다

요즘 들어 드는 의문은
내가 이전에, 인간이었을지도 모른다는
그런 소름끼치는 생각이 들곤 한다

인스타그램

셀 수 없이 많은 책장 중에
가장 행복했던 순간만 반듯이 도려내어
듬성듬성 잘린 책
혹여 누구에게 들킬까, 품에 꼭 숨기고

누군가에게 보여주기 위해
하얀 도화지 위에
하나하나 이어 붙이는

세상에서 가장
인위적인 동화

입동

망가진 것들을 주워 담아
다시 푸른 싹을 틔워 내기엔
이미 잎은 붉게 물들고 있었고

그저 망가진 채로
새로운 시작을 기다리기엔
새하얀 눈을 맞이할 용기가
도무지 나지 않았다

이런 고민이 시작되는 밤은
어제보다, 한걸음 더 빠르게 다가왔고

깨어날 아침은
한걸음 더 멀어지고 있었다

쉼

한숨을 쉬었더니
숨이 쉬어졌다

오해

이유가 있던 없던, 침묵은 오해를 낳고
오해의 교활한 속삭임은
아주 깊은 편견이 되어
아무리 목놓아 진실을 외쳐도
금세 거짓으로 만들어버렸다

결국, 오해의 표적이 된 이에게
남겨진 잔인한 선택지는
그저 기다리는 것 뿐이었다

또 다른 누군가에게
더 큰 오해가 속삭이기를

미련

온 마음을 뜨겁게 불태운 후
재만 가득 남아있는 자리에는
미처 끄지 못한 잉걸불 하나가 있어
아직 여름인가 싶었지만,
방안에서 울리는 귀뚜라미 소리에
그제야 떨어진 낙엽이 눈에 밟혔다

뒤늦게 낙엽을 모아
남은 불씨에 던져보려 했지만
애석하게도 가을비는
그것을 보고만 있진 않았다

어서 긴 옷을 꺼내어 입어야지
이제 마음에도 옷을 내어줄
계절이 오고야 말았다

영원한 비밀

문지기가 아무리 강하다 한들
인간의 수명은 유한하고
성벽이 아무리 두껍다 한들
억겁의 세월 앞에서는
미세한 틈이 생기기 마련

역시나
그런 건 존재하지 않았다

치매

지금까지의 삶이 너무도 고되어
옛 향기 그윽한 어린 시절
그 언저리에 놀러갔다가,
오랜만에 안긴 어머니의 품속이
봄날처럼 너무도 따스하여
다시 돌아갈 이유를 찾지 못한 채
아이는 그곳에 영혼을 묶었다

나는 아이의 손을 잡고
슬프게 웃으며 말했다

아이야
그동안 고생 많았다

가족

나의 단편적인 아픔에 대해
그들은 입체적으로 아파할까 봐
모든 비밀을 털어놓는 것이
쉽지 않기 때문에

가장 가까워 보일 수 있지만
어쩌면, 나를
가장 알지 못하는 사람들

태양

너는 수많은 이들에게
매일 빛을 나누어 주고도
정작 그들에게는
아무것도 바라지 않는구나

나는 작은 감정 하나마저
돌아오지 않을까 걱정하며,
무엇 하나 쉽게 내어주지 못하는
가난한 마음을 지녔기에

너가 몹시나 부럽다

오래된 미래

오래전부터
꿈이라고 부르며
품속에 지니고 있던
미래의 한 문장

언제부턴가
꿈이라 부르는 건
아직도 품고 있는
아주 오래된 미래

일기예보

기상청의 예보에도 없던
소나기가 쏟아질 때면
정말로 누군가 하늘 위에서
울고 있는 건 아닐까 생각했다

누군가의 갑작스런 눈물을 예측하는 건
너무나도 어려운 일이기 때문에

미아

요즘 들어
하루를 어떻게 보내야 할지 모르겠다

노력이라 믿었던 것은
스스로에게 부끄럽지 않기 위해
자신을 속이던 연극이었고,
꿈이라 여겼던 것은
남에게 부끄럽지 않기 위해
어설프게 빚어낸, 껍데기에 불과했다

난 분명히, 무언가 가득 품고
어딘가를 향해 걸어가고 있는데

요즘 들어
내일을 어떻게 보내야 할지 모르겠다

손전등

삶의 책장을 넘기면 넘길수록
매일 반복되는 문장에
아직 읽지 못한 꿈 같은 이야기들은
글씨가 점점 희미해져 간다

어른들은 늘 말한다
책장을 꾸준히 넘기다 보면
언젠가 수많은 빛이 보일 것이라고

하지만, 지금은
그 빛 한줄기 조차 없어서
책장 하나를 넘기는 일도 버거웠기에

내게 정말 필요한 건
그 흔한 희망보다, 작은 손전등 하나였다

소실

꿈, 순정, 낭만, 동화
정신을 차려보니
어느새 모두 잃어버렸더라

저것들에게
현실에 화려히 물들여진 나는
그저 얼룩에 지나쳤나 보다

그 화려함을 쫓았던 건
저것들을 모두 품고 있던
어린 소년뿐이었나 보다

꿈, 순정, 낭만, 동화
정신을 차려보니
어느덧 모두 잃어버렸더라
곱고 흰 나비 되어 다 날아가 버렸더라

벚꽃

결국 져버릴 것은

다시는 연모하지 않겠다

상실감에 괴로워하지도 않겠다

마음이 아닌 눈에만 담겠다

언젠가 다시

돌아온다 할지라도

평화

수많은 걱정들은 좀처럼 잦아들지 않았고
편안한 일상은 마치
영화속의 일처럼 느껴졌다

타인에게 평가받으며 화를 억누르는 순간에도
그저 평범한 화가를 꿈꾸던 순간에도
평소처럼 화분에 물을 주던 순간에도

나는
평화를 원해야만 했다

지친 마음

언제부턴가 지친 마음을
어디에 두어야 할지 모르겠다

길가에 버려놓을까 했더니
꽃들이 활짝 피어 있었고,
창밖으로 던지려 했더니
유독 날씨가 너무 좋았다

주변 사람들에게 나누려 해봤자
그저 푸념이 되었고,
나를 사랑하는 이에게는
더 큰 아픔이 되었고,
나를 싫어하는 사람에겐
더 큰 약점이 되었다

그렇다고

온전히 나 혼자 감당하기엔

억지로 가시를 삼키는 일 같았다

울어야 할 때

일상 속엔 웃을 일이 많았고, 다가오는 행복을 굳이 억누를 이유도 없었다. 그래서 웃을 일이 생기면 자연스럽게 있는 힘껏 웃었다. 하지만 슬픔은 조금 달랐다. 평소에 눈물을 흘릴 일은 드물었고, 슬픔이 다가와도 들키지 않으려 애써 마음 깊숙이 밀어 넣곤 했다. 그래서였을까. 슬픔은 좀처럼 익숙해지지 않았고, 익숙해지고 싶지도 않았다. 가끔 불쑥 찾아와도 마치 처음 마주한 사람처럼 낯설고 어색하게 느껴졌다. 내게 슬픔은 늘 그런 감정이었다.

요즘 따라 누군가가 죽는 꿈을 자주 꾼다. 처음엔 정말 행복한 꿈인 것 같다가도, 결국엔 소중한 사람이 내 곁을 떠나는 이야기로 흘러가고 만다. 그리고 혼자서는 억누를 수 없는 눈물을 한참 쏟아내다 잠에서 깬다. 그 감정이 너무도 생생해서, 마치 그 시간 속에 내가 실제로 존재했던 것만 같다.

어쩌면 또 다른 세상에서
슬픔은 점점 내게 익숙해지려 하고 있다.

울어야 할 때가 온 걸까.
너무 많이 웃어서 일까.
아니면 슬픔을 너무 억눌러서 일까.

울어야 할 때 울지 않아서
그래서, 자꾸만 꿈으로 찾아오는 걸까.

용서

오늘도, 자신과 했던 약속을
너무 쉽게 저버렸지만

'구원' 이라고 적힌
과대한 포장지에
또 그렇게 눈이 멀어서

또 그렇게
용서를 쉽게 삼켰다

일회용 계절

절대로 멈출 줄 모르는
빌어먹을 시간과

한번 더럽혀진 것은
다시 쓰지 않는 강박에

나의 모든 계절은
그저 일회용이었다

순서

작열하듯 뜨거운
열정을 얻기 위해선
먼저, 나른함과 나태함을 부르는
마음속 벚꽃부터 꺾어야 했다

벚꽃이 져야
여름이 오듯이

동짓달 기나긴 밤

밤이 더 빠르게 찾아오고
더 오래 곁에 머무를수록
스스로를 좀먹는 고민은
온몸을 아리게 만들었다

황진이가
동짓달 기나긴 밤을
사랑하는 이를 위해 베어냈다면,

나는, 오로지 나를 위해
그 기나긴 밤을 베어내야만 했다

수월가

내 손이 닿는 것에는 불안이 있다

내가 불안한 것인지

내가 불안을 야기하는 것인지

내가 불안을 사랑하는 것인지

불안이 나를 사랑하는 것인지는 알 수 없지만

그대는 부디 잔잔한 호수였으면 한다

나 그대에게는 조용히

무엇도 흔들지 못할

달빛으로 다가갈 터이니

방황

사랑을 그저 글자 그대로
'사랑'이라 적으면
내가 생각하는 예술은
이게 아니지, 하며
깊숙하게 밀려오는 부끄러움

그렇다고
나름대로 이런저런 옷을 입혀
알록달록 꾸며서 적어보아도
읽는 이의 관점에서
사랑이라 느끼지 못한다면
무용해져 버린다는 불안감

전달과 예술
그 사이 어딘가에 앉아
편안하게 쉬어가고 싶다

하지만, 누군가 먹을 흩뿌린 것처럼

그 사이의 경계가 너무도 흐릿해서 인지

나는 자꾸만

어디론가 걸어가고 있다

곡예

사랑하던 이의 영원한 숙면은
풀어진 실타래 같은 일상을
급속도로 팽팽하게 만들었다

나의 모든 감정은 그 실 위에서
언제 떨어질지 모르는 곡예를 하였고
작은 액자에 갇힌 그의 사진을 본 순간
모든 감정은 일제히 아래로 추락했다

전신이 마치 퍼즐 조각처럼
수천 개의 감정들로 찢겨 나갔다

시간

어릴 적 소중히 키우던 병아리가 얼마 지나지 않아 죽었다. 부모님은 원래 아픈 아이여서 오래 살지 못한 거라고 말하셨다. 소년은 생각했다. 모든 건 시간 때문이 아닐까. 시간이 흘렀기 때문에 병아리가 품에 들어온 건 맞지만, 주어진 시간이 끝나서 다시 뺏어간 게 아닐까. 시간은 항상 무언가 내어주고 다시 뺏어가는구나. 나도 시간에 의해서 내어진 존재이겠구나.

그렇게 생각하자, 소년은 자신에게 주어진 시간이 얼마큼인지 알 수 없어 불안에 떨기 시작했다. 꽃을 보며 웃을 시간이 없었고, 멋진 장소를 탐험할 시간이 없었다. 작은 것들을 사랑할 시간도 없었다. 그렇게 소년은 속절없이 어른이 되어버렸다.

내가 시간을 버린 걸까.
시간이 내게 준 벌인 걸까.

어린 시절

어린 시절은 '웃음'이라는 단어로 기억된다. 정말로 행복해서 웃음이 많았던 아이였는지, 기억이 미화된 것인지, 아니면 소외되지 않기 위해 억지 웃음을 지었던 것인지 알 수 없지만, 긍정적인 단어로 기억된다는 건 좋았다. 만화 속 멋진 영웅을 그리는 것을 좋아했고, 친구들과 자유롭게 뛰어노는 것을 좋아했다. 가끔씩 밤늦게까지 집 밖에 있을 때면, 마치 어른이 된 것 같아 설렜다.

하지만 요즘 들어 그런 소중했던 기억들이 하나둘씩 희미해져간다. 어린 시절을 상징했던 '웃음'이라는 단어가, 지금의 일상에서 점점 멀어져서 인지, 지금이 행복하지 않아서인지, 아니면 억지로 웃는 법을 잊어버린 것인지 혼란스럽다.
그 시절의 헤펐던 웃음이,
지금의 나에게는 무척 절실하다.

외로움

속은 텅 비어서 너무 가벼웠고
텅 빈 감정에 특별한 색은 없었다
마음 안쪽으로 아무리 집어넣으려 애를 써도
검은 바다 위에 낀 새하얀 먼지처럼
모두가 눈감은 시간에
자꾸만 마음 위로 떠올랐다

그래서 나는
매번 거센 파도를 일으키며
그 새하얀 먼지들을
마음 밖으로 밀어내야만 했다

때론 파도가 치지 않는 날
먼지들이 가득 떠오를 때면
누군가 눈을 뜰 때까지
검은 바다 밑에서 홀로 숨죽여 있어야 했다

현실 도피

현실은 언제 어디서나
차갑게 나를 노려보고 있었다
그런 현실과 마주하는 것이 두려웠던 나는
스스로를 몽상가라 치부하며
겉으로는 괜찮은 척 도망치기 바빴다

하루는, 계속 도망 다니는 것이 힘들어
작은 욕조 속에
몽상과 허상을 모두 담고
그 안에 들어가 몸을 숨겼다

하지만 몸을 숨기고
시간이 조금 지나니 알 것 같았다

숨이 잘 쉬어지지 않는 것은
이곳도 밖깥도 별반 다르지 않다는 것을

이십춘기

오랜만에 사람들과 모인자리에
날이 무척 더워서인지
끊임없는 대화 때문인지
열이 올라 좀처럼 식지 않았다

시끄러운 매미 울음이 그치고
집으로 돌아가는 길에 알 수 있었다
누군가의 치열한 노력과
누군가의 달콤한 성공에

나는 어떤가

그 비교와 물음에 의한
열병이었다는 것을

동화 冬花

한날 따스함에
혹여 봄인 줄 알아 피었거늘
그대 마음 아직 겨울이어
나는 기적이라 하고 싶었네

허나 그대는
기어이 비극이라 하는구나

근원

할 필요가 없는 일을
습관처럼 하게 되자
당연함 마저 신경 쓰는
그런 순간에 다다랐다

창 밖으로
비가 내렸다

우산을 들기도 전에
비에 젖을까 걱정했다

악몽

꿈결의 주인은 항상
깊게 잠이 든 밤이면 찾아와
가장 소중한 것을 손에 쥐여 주었다
마치 깨어나면
모든 게 사라지는 걸 아는 것처럼

잃는 것이 두려웠던 나는
어느 새부터
자연스레 선잠을 청했다

이것이 곧
나의 불면이자, 악몽이었다

초조함

줄기가 아닌, 꽃잎에
날카로운 날을 품고 피어났다

초마다 살을 베고 마음을 베어
조급함은 배가 되고
기다렸다는 듯이, 그 상처들 틈으로
눈물인지, 땀인지 모르는 것이
빠르게 밀려들어왔다

시선

상관없다는 말을

스스로에게 얼버무리며

눈을 꼭 감은 채, 그냥 지나치려고 해도

당장이라도 달려들어

살가죽을 모조리 물어뜯고

치졸한 속내를 드러내게 하려는

수많은 이리떼의 시선은

도무지

도무지 피해갈 수가 없었다

이방인

봄바람이 부는 소리
나비의 날갯짓 소리
사람들이 떠드는 소리
꽃잎이 떨어지는 소리

꽃이 핀 언덕에서, 눈을 뜬 물고기는
하늘을 올려다보며 생각했다
'나는 저 푸른 바다에서 헤엄치다가
결국 지옥에 떨어졌구나'

순수함

아이야
그게 너를 힘들게 해도
온 힘을 다해 붙잡고 있어라

언젠가는 어쩔 수 없이
놓아야 할 순간이 오지만
그때까지는, 부디 잘 품고 있어라

품에서 멀어지는 순간
그것은 땅 속으로 끝없이 기어들어가
네가 한줌의 흙이 되기 전까지
다시는 되찾을 수 없단다

아이야
그게 너를 약하게 만들지라도
부디 놓지 말거라

넋두리

어릴 적, 친구들이 장래희망란에 과학자, 변호사, 의사라고 적을 때, 나는 '여행가'를 적었다. 아무도 몰랐던 장소를 발견하는 게 즐거웠고, 자유롭게 이곳저곳을 누비는 것이 좋았다. 그때부터 였을까, 남들과는 조금 다르게 살고 싶었던 것은.

중학생때는 마음속 고민을 시로 풀어내는 것이 좋았다. 그래서 열심히 시를 적으며 국문과 혹은 문창과를 꿈꿨다. 하지만 전공을 정해야 할 시기에 패션에 대한 관심이 커졌고, 결국 의류학과를 선택했다. 그래도 시를 쓰는 건 멈추지 않았다. 꾸준히 쓰다 보니, 글의 이해를 돕는 그림을 그리고 싶었고, 열심히 원하는 그림을 그리다 보니, 개인전을 할 수 있는 기회가 찾아왔다. 그 결과, 이름 옆에 작가라는 단어가 붙었지만, 아직도 그 단어는 많이 낯설고 어색하기만 하다.

원하는 것을 쫓다 보면, 자연스럽게 남들과는 다른 길을 걷게 될 줄 알았다. 하지만 요즘 들어, 사랑과 노력만으로는 부족하다는 현실을 실감한다. 가끔은 내가 쫓고 있는 것이 정말 내가 원하는 것인지 의심이 들기도 한다. 누군가에겐 반짝이고 빛나 보일지 모르지만, 그 이면에서 나는 점점 까맣게 타들어 가고 있다.

주변을 보면 대부분의 사람들이 사회가 만든 틀 안에서 취업하고, 돈을 벌며 안정적인 생활을 이어가고 있다. 그런 모습을 보며, 나도 언제까지 남들과 다르게 살 수 있을지 두려워진다. 어쩌면 곧 나도 그 틀 속으로 온몸을 비틀며 들어가야 할지도 모른다. 이성적으론 '이게 맞는 길이겠지'라며 스스로를 다독이지만, 마음 한편은 여전히 쓸쓸하고 답답하다.

역설적이게도, 누군가에게 위로가 되길 바라며 만든 작업들을 마주할 때면, 정작 가장 위로가 필요한 사람은 나 자신임을 느낀다. 어쩌면 그 작업들은, 사랑하는 것에 대한 마음 한켠의 쓸쓸함과 회의를 담아, 스스로에게 건네는 위로일지도 모른다.

어쩌다 이리
아름답고 무용한 것들만 사랑하게 된 걸까.
다름은 쉽게 특별함이라 부를 수 있었지만,
그 이명은 외로움이란 것을 몰랐다.

나는 아직도
그 다른 이름을 받아들이지 못한 채

남들과, 다 다르지도
어딘가에, 다다르지도 못하는 중이다.

2. 넌 말했지, 사랑은 받을 줄도 알아야 한다고

사랑

사랑은 무한하지 않았다

받는 게 어색해서, 두려워서
물길 위로 자꾸만 돌을 쌓았고
텅 비어버린 마음은
흉내만 내는 껍데기에 불과했다

사랑은 전하는 것 만큼
받는 법을 아는 것도 중요했다

그리고 한번 흘려보낸 사랑이
어디로 흘러가 무엇이 되었는지
뒤돌아보지 말아야 했다

그래야, 우리는
계속 사랑을 할 수 있었다

순애

꽃이 아닌 나에게
나비 한마리가 앉았다

나비는 칙칙한 나에게
화사한 꽃이 되어 달라 하지 않았고
나는 자유로운 나비가
어딘가로 날아가진 않을까
불안해하지 않았다.

우리는 서로를 과분하다 여기지 않고
그렇게 있는 그대로
바라보며, 쉬어갔다

그러다 문득
이런 사랑이 하고 싶었다

젠가

무엇보다 견고하다고 믿었던
나의 세계는
누군가의 손짓 몇 번에
와르르 무너져 내렸다

이른 여름

봄의 싱그러움을 사랑합니다
그렇기에, 떠나지 않길 바라며
너무 꽉 쥐고 있던 탓일까요

그 온기 때문에
여름이, 한걸음 더
빠르게 다가온 것 같습니다

눈꽃

너는, 이 새하얀 눈이 모두 녹으면
이곳에도 봄이 오느냐 묻고는
그렇게, 깊은 잠에 들었다

3월의 끝에서
다시는 볼 수 없을 줄 알았지만,
길고 긴 가지 끝에서
다시 나에게, 봄으로 찾아왔다

너의 꽃말은
눈꽃이었나 보다

미련함

당연히 아플 줄 알면서도
마음 깊이 품었다

잡히지 않을 걸 알면서도
허공을 향해 뻗었다

돌아오지 않을 걸 알면서도
매일을 기다렸다

결국 여기 남은 건 미련뿐이라
버리지 못하고, 오래 두었더니
어느덧, 미련함이 되어있었다

벚꽃

너를 기다리면서

나는

만나기도 전에 이별을 걱정하는

아주 나쁜 버릇이 생겼다

이삭 줍는 여인들

모든 것이 자연스레
추락하는 계절 속에서
그녀들은 무엇을 위해
가을을 주워 담는 걸까요

꽉 쥐어진 손에 담긴 계절이
그리도 따스해 보이는 것은
사랑하는 사람들의 계절
그 또한 담겨있기 때문일까요

어쩌면, 잔뜩 굽어진 허리는
작은 마음까지 주워 담기 위해
스스로 하늘의 높이를 낮춘
어머니들의 모습이, 아닐까요

내가 사랑하는 것들

한때 나를 가장 아프게 했고
언젠가 나를 더 아프게 할지도 모르지만
그래도 좋으니
영원하길 바란다

테이프

완전히 끊어낸 줄만 알았다
하지만 끊어낸 그 자리에
하나의 네모난 액자처럼
너는 그렇게 남아있었다

우연 같은 운명

이 작은 마음으로
누구를 사랑할 수는 있을까

마음의 크기만큼
손으로 원을 만들어
그걸 통해 담아본 밤하늘

하필, 그 안에
너란 별이 박혀 빛나고 있었다

노력

씨앗 없는 화분에
매일같이 물을 주며
싹 틔우길 기다리는 건
바보 같은 일이란 걸 알지만,

그래도 사람 마음만큼은
내가 열심히 노력하면
없던 것도 생길 거라 믿었다

동음이의어

나의 사랑의 반의어는
닫힘
너의 사랑의 반의어는
다침

우리는, 사랑이란 말에
너무 심취해 버린 나머지
그 언어의 너머를
깊게 들여다보지 못했다

결국은 서로에게
열리지도, 치유되지도 않을 사랑이었다

애이불비

이 선을 넘으면
너의 주변을 맴도는
먼지조차 될 수 없을 것 같아

오늘도 이 떨리는 마음에
수십 톤의 닻을 매달아
슬픔을 짓누른 뒤

태연한 척
너에게 말을 건넨다

권태

이유 없이 사랑했고,

이유 없이 사랑하고,

이유 없이 사랑할 것이다

하지만 언젠가부터

내게

존재하지도 않는 이유를 물으며

너는

가시를 돋는다

가을

어느 계절, 이름 모를 꽃으로
문득 다가온, 너의 향기가
그 당시에는 그리 짙은 줄 몰랐기에
그저 흔한 들꽃이라 여겼지만

그 계절이 점점 다가올수록
그때의 향기가 더욱 짙어지고
손에 잡힐 듯 아른거리기에

오늘도 나는
너를 생각한다

낭만 실조

혼자 있는 것이 익숙해졌다
우리라는 말이 어색해졌다
눈이 와도 설레지 않았다
빗소리는 때때로 소음이 되었다

네가 날 향해 웃었지만
억지로 웃고 싶지 않아
차마
너를 향해 웃어주지 못했다

고장난 이어폰

오랜 시간동안, 줄로 된 이어폰을
계속 서로 얽히게 두었더니
어느새, 한쪽에선 소리가 들리지 않았다

우리도 영원할 것 같았지만
계속되는 침묵은, 서로를 향한 오해를
풀어낼 수 없을 만큼 얽히게 만들었고

결국은
우리 둘 중 한 명이
먼저 지쳐버린 거겠지

첫인상

처음 너를 본 순간
한동안 넋을 놓았다

보았기 때문이다
옅은 미소 끝자락에서 시작된
하얀 나비들의 날갯짓을

착각

너무 밝게 반짝여서
손 뻗으면 닿을 줄 알았어
조금만 덜 반짝였으면
그저 바라만 봤을 텐데

습작

시작은 찬란했고
익숙함 속에서도 소중함을 찾으며
함께 영원을 약속했지만,

끝내 이기심에 못 이겨 끝나버린
우리 둘의 이야기는

한 무명의 예술가가
사랑의 정의를 찾기 위해 적었던
서툰 습작 중 하나였다

고백

봄이 다가와
모든 눈이 녹아내리고
꽃이 피는 순간

나는 가겠다
영원히 녹지 않을
너에게로

나는 변한 게 맞았다

단지 네가 꽃이라는 이유만으로 사랑에 빠졌다
바람에 살랑거리는 꽃잎이 아름다웠고
주변을 감싸는 향기마저 좋았다

하지만 언젠가부터
꽃잎의 모양이 마음에 들지 않았고
꽃잎의 색깔이 마음에 들지 않았고
어느 꽃들과 마찬가지로 평범해 보였다

널 사랑한 건 절대 후회하지 않는다
과거의 나에게도, 지금의 누군가에게도
무엇보다 아름다운 꽃이었고, 꽃일 테니까

너는 내게 변했다고 말했고
나는 변한 게 맞다고
대답할 수밖에 없었다

황혼

아침에 늦게 일어나 지각을 하고
항상 잘 타던 버스를 놓치고
하는 일마저 잘 안 풀린 채
지쳐서 집에 돌아오는 길
아무 생각 없이 올려다본 하늘은
오늘따라 유독 황혼이 아름다웠다
마치 고생했다며, 하루를 다독이듯이

결코 잊지 못하는, 그 황혼은
너를
사랑하는 이유와 같았다

변화

아픔에 관한 글을 적으려
연필을 쥐던 손은
어느새 너의 손을 잡고 있었고,

끊이지 않는 걱정에
허공을 응시하던 눈은
어느새 너를 바라보고 있었고,

사랑에 대해
부정만 늘어놓던 나의 입은
어느새 너의 이름을 부르고 있었다

너를 만난후로
모든 것이 변했다

너는 또, 마음의 계절을 탓하고

너의 사랑에는

수많은 계절이 존재했다

한 계절은

뜨겁다 못해, 가득 흘러 넘쳤지만

어떤 계절은

차갑다 못해, 건드릴 수 조차 없었다

사랑을 받고 싶다는 말에

너는 또

마음의 계절을 탓했다

오래된 사랑

사랑이 받고 싶어서
오래된 사랑
겁도 없이 덜컥 삼켰다

유통기한이 지났는지
심한 배탈에, 한참을 아팠다

내가 악당이 되기로 했다

우리의 생각 차이는
끝없는 다툼을 만들었고
끝내 한쪽이 정의가 되는 순간
남은 한 사람은, 악당이 될 수 밖에 없었다

점점 끝이 보이는 이야기에서
네가 악당으로 남는 것 만큼은
그래도 싫었기 때문에

내가 먼저 이별을 말했다

시소

너만 할 수 있는 말과
너만 할 수 있는 행동이 있었다

내가 그것들을
똑같이 따라 하려 할 때면
너는 또 사랑이란 무게를 얹으며
항상 나의 마음이 더 무겁기를 바랐다

그렇기에
우리의 시소는 항상
한쪽으로 기울어져 있었다

나는 언제나
너의 그 미소와 눈물을
올려다볼 수 밖에 없었다

하나의 기억

하나의 강렬한 기억이
하나의 계절로
대체되는 경우가 있다

너를 만난 후의 계절은
너의 이름을 적지 않고 서는
설명이 불가했다

이유

누군가에게
사랑을 해야만 하는 이유를
하나의 문장으로 설명해야 한다면

사랑은
그저 상대의 행복을 바라는 것 만으로도
자연스레, 함께 행복해지는 힘이 있다고
꼭 말해주고 싶다

Melting Love

텅 빈 공간에 녹아내린 마음을
아직 사랑한다는 말로
어떤 모양의 그릇에 담아내어도
껍데기만 사랑일 뿐
결국 후회라고 부를 수밖에 없었다

그러니, 어떤 모양과 색을 가지고 있던
이미 녹아내린 것은, 아프게 담아두지 말고
전부
전부 흘러가게 두자

새로운 마음이
다시 자라날 수 있도록

사랑의 나이

처음 사랑이란 감정을 느꼈을 때
그 아름다움에, 조건이란 말은
전혀 어울리지 않는 단어였다

하지만, 나이의 숫자가 커질수록
주변의 시선과 집착, 과거
이질감이 느껴지는 단어들이
사랑의 주변에 자리를 잡았다

결국, 사랑도
시간을 피해가지는 못했다

사랑의 모습

사랑의 모습은
그 사람이 평소 지니고 있는
마음의 모양에 따라, 그 모습이 변했다

나의 마음에 담긴 사랑을 전할 때면
너의 마음에는, 그 어떤 테두리도 없이
마음 전체로 흐르는 사랑이 보였다

마치, 넓게 펼쳐진
푸르른 바다와 같았다

운명

부정을 향해 쏜 화살은
당연하단 듯이
다시 내게로 돌아와
심장 깊숙이 박혔다

운명이었다

첫사랑

수많은 사랑을 적고
수많은 사랑을 지웠지만
마치 사랑을 처음 본 듯

너의 앞에서 한참
얼굴을 붉혔다

어느새 마음에
첫사랑이라고, 적혀 있었다

순정

네가 나를 향해
아이 같은 미소를
활짝 지어 보일 때면

언제 잃어버렸는지도 모르는
그 어떤 감정이
마음속에, 푸른 이슬처럼 맺혔다

너는 그 미소 한번에
내가 그토록 찾아 헤매던 것을
품에 안겨준 것이다

좋아하는 마음

누군가를 좋아하는 마음을
분열하는 세포처럼
작게 나누고, 또 나누어서
들키지 않게 숨기려고 해도,

어느새, 조금씩 쌓여버린
새하얀 먼지처럼
그 사람이 자주 거닐건
그 공간 어딘가에

나도 모르는 사이
조금씩 내어놓고 있었다

격정

그저 서로를 바라보는 것 만으로도
너와 나, 우리의 모든 것이
미친듯이 뒤섞이는 기분이었다

그렇게 우리는
서로에게 이유도 묻지 않은 채
내가 너인지, 네가 나인지도 모른 채
지금이 낮인지 밤인지도 모른 채
주변의 모든 것을 끌어들이며
한참을 뒤섞였다

Tea Bag

너를 만난 순간
미친 듯이 타오를 듯한 뜨거움에
그 안으로, 사정없이 스며들었다

그러자 너는
나의 모든 걸 가진 채
어디론가 멀리 흘러가버렸다

만약 또 다시
타오를 듯한 뜨거움을 만난다면
한 번 더, 미친 듯이
그 속으로 스며들 수 있을 거라 믿었지만

나는 그 첫 불씨에
모든 것을 잃은 채로
점점 차갑게 식어갔다

3. 꽃 한 송이로도, 충분히 아름답다

한 송이

하나의 나뭇가지에
너무 많은 꽃을 피우려다
결국 그 무게를 견디지 못해
가지가 부러져버리기 마련

그대여
꽃 한 송이로도
충분히 아름답다

만개

환경과 시간이 달라도
꽃은 어디서나 피어났다
저마다의 색깔, 향기, 형태를 지닌 채로

마치
우리들처럼

소망

그리워하던 이는 돌아오고
미워하던 이는 포용하고
좋아하던 이는 사랑하고
소중한 이는 영원하기를

일기예보

항상 밝은 줄만 알았던 사람이
어느 날 갑자기 슬프게 울어도

그건
그 사람의 탓도
우리의 탓도 아니에요

가끔씩 무언가
사무치게 그리울 때가 있잖아요

밤의 약속

늦은 밤 길을 걷다가
스스로에 대한 의심이 커져만 갈 때면
누군가 문득, 말을 걸어왔다

걸어가는 길이
한없이 초라해질 때마다
주변에 깊은 어둠을 내리어
스스로가 얼마나
빛이 나는 존재인지 일깨워주겠다고

산책

마음 속을 산책하는 것은
가벼운 방황과 같다

나에게 지금 어떤 마음이 있는지
어떤 생각들이 존재하는지
그 안에 무엇이 피어나고 있는지

천천히 걸으며 살피다 보면
우리를 귀찮게 굴던 잡념들은
걸음 뒤에 남겨진, 발자국에 갇혀

더 이상
우리를 쫓아오지 못할 것이다

이름

"너는 잘할 수 있어"
"넌 반드시 해낼 거야"
그런 말보다
나는
너의 이름을
크게 불러주고 싶었다

그 이름만으로도
모든 걸 해낼 거란 뜻이
충분하니까

그 찰나의 어둠을

살짝 들춰본 저의 색깔이
새까만 어둠이라
쉽게 다가오기가 두려우시다면,

그저 늦은 시간
달빛이 구름에 가리울 때
그 찰나의 어둠을, 따스히 품어주세요

그 어디라도, 그 온기속에
제가 존재하겠습니다

놓아주는 법

사람과 사물, 혹은
눈에 보이지 않는 것이라 해도
설령, 그것이 아주 가끔
달콤한 사랑을 건넬지라도

그보다 더한 상처를 계속해서 남긴다면
우리는, 그게 무엇이든
과감하게 놓아주는 법을 알아야만 했다

왜냐면 이 세상에는
내가 사랑할 수 있는 것,
내 사랑을 담을 수 있는 것,
나를 사랑해 줄 수 있는 것이
셀 수 없이 많기 때문에

비염

세상 사람들 전부
지독한 비염인가 봐
이렇게 아름다운 향기를 내뿜는데
어떻게 내가, 꽃이란 걸 모르는 걸까

보이는 것만이
전부가 아닌데

그림이 서툴러도 괜찮아

도무지 넘기 힘든 벽을 만났다면
그 벽을 도화지 삼아
너의 꿈을 그려 보아라

혹여 알까
그 꿈이 너무도 아름다워
벽이 허물어질 수도 있으니

확신

한 해의 굽이진 길목마다
가지런히 세워진 거울을 보면
그곳에 비친 나의 모습이
점점 부모님의 모습과 겹쳐 보인다

그럼 나는
내가 최고라는 것에, 다시 한번 확신을 가지고
다음 길목을 향해, 한 발짝 나아간다

그리움

과거는 흐르지 않고 멈춰있다
그 멈춰있는 시간 중,
하나의 장면 혹은, 이야기에 머무르는 것을
나는 그리움이라 불렀다

앞으로의 미래에
행복한 일만 가득했으면 좋겠지만
그러기 쉽지 않다는 것을, 잘 알기에

우리는 가끔씩
무언가를 사무치게 그리워해야 할
필요가 있었다

마음

마음을 어떻게 먹어야 할지 몰라서
여러 조각으로 나눈 후
사랑하는 사람들과 나누어 먹었다

그렇게 나누어 먹은 마음은
스스로 포기해도
누군가 훔쳐가도
실수로 잃어버려도

사랑하는 사람들 덕분에
결코 사라지지 않았다

장미

누군가, 장미의 가시에 찔려
아무리 욕을 하며 비난해도
그 다음 계절의 장미가
가시를 품지 않고 피어주더냐

한번 그렇게, 피어나기로 마음먹었으면
그 무엇에도 휘둘리지 말고
네가 원하는 모습으로 피어라

절대 변하지 않는 것

절대 변하지 않는 것이 있습니다

어렸을 적, 밤마다 꾸었던 꿈
적었던 일기, 품었던 열정
누군가와 함께했던 추억

매일 얼굴을 붉히며
어디로 튈지 모르는, 미래와 달리
과거는 묵묵하게 뒤를 쫓습니다

절대 변하지 않는 것이
부끄러워지지 않도록,
앞으로 해야 할 것에 있어서
최선을 다할 수 있기를

크리스마스

나는 어렸을 때부터 크리스마스를 무척 좋아했다. 반짝이는 거리의 불빛, 차갑지만 포근한 겨울 공기, 그리고 길거리마다 울려 퍼지던 캐롤은 산타를 기다리던 어린 마음을 한껏 들뜨게 만들었다.

갖고 싶은 선물을 떠올리며 산타에게 소원을 빌고 또 빌며 크리스마스를 손꼽아 기다렸다. 그리고 마침내 크리스마스 아침. 곱게 포장된 선물을 확인할 때면 정말 온 세상을 다 가진 것 같은 기분이 들었다.

그래서인지 지금도 12월의 거리에서 반짝이는 불빛을 마주하면 산타를 기다리던 그 시절의 설렘이 문득 떠오르곤 한다. 예전과 달라진게 하나 있다면, 어렸을 땐 설레는 마음으로 크리스마스를 기다리면서도, 혹여 산타가 오지 않을까 조바심이 났지만, 지금은 그 기다림 만으로도 충분히 행복할 수 있었다.

더 이상 산타를 믿지 않아서가 아니다. 무언가를 기다리는 설렘, 그 벅찬 마음이야말로 가장 소중한 것임을 알기에, 그래서 그토록 기다리던 날, 혹시 산타가 오지 않더라도 슬퍼하지 않기로 했다. 그저 다음 크리스마를 향해 천천히 또 한 걸음 내딛으면 되니까.

메리크리스마스.
우리의 지난 시간과 지금,
그리고 앞으로의 모든 날들에.

결국은

나를 정말 아프게 했던
가시가 뚫고 나온 자리에는
새로운 싹이 돋아나고 있었고
그 가시에 담긴 기억은
누군가와 술잔을 기울이며
그땐 그랬지, 말할 수 있는 추억이 되었다

결국은
과거는 모두 추억으로 묻고
현재를 살아가는, 나를 사랑하면 될 일이겠지
그러면, 더 나아지겠지

나의 지금은

고등학생 때는
일찍 하교하는 중학생들이 부러웠고
자유로운 대학생들이 부러웠다

이십의 중간을 넘기고 나서는
마음껏 넘어질 수 있는 신입생이 부러웠고
사회의 일부가 된 직장인이 부러웠다

어쩌다 보니, 나의 지금은
과거 혹은 미래에
내가 그토록 부러워했고
부러워 하게 될 시간이었다

시

아무런 이유 없이
"넌 괜찮은 사람이야"
그 말이 듣고 싶어서
오늘도 시를 읽었다

오늘도 시를 적었다
꼭 전하고 싶어서
"넌 괜찮은 사람이야"
아무런 이유 없이

졸업

나도 모르게 잃어버린 시간들은
사진첩을 열어보니, 지나온 계절에 담겨 있었고,
그토록 힘들었던 시간은
지금 생각해보니, 실없는 웃음만 나왔다

실패가 무서워 내내 도망쳤던 나는
용기를 내어 그것들을 밟고 올라서니
오히려 더 많은 것을 볼 수 있었고,
새로운 도전을 하고 싶어 나섰다가
지칠 대로 지쳐 돌아온 곳에는
언제나 나를 안아주는 사람들이 있었다

이제는 끝과 시작, 이란 말 보단
행복했다. 행복하자, 라는 말에 가슴이 더 뛰었다
우리, 정말 행복했다
앞으로, 더 행복하자

색깔

혹여, 그대가 찾은 자신의 색깔이
남들과는 조금 다른 색일지라도
움츠리지 말고, 그대만의 색깔로
세상을 칠하고 물들여라

그렇게 조금씩 칠하다 보면
그 색깔이 얼마나 아름다운지
머지않아, 반드시 알 수 있으니

돌이킬 수 없는 것에 아파하는 것은

돌이킬 수 없는 것에 아파하는 것은
별 하나를 미워하는 일

별 하나가 미워
별이 수놓인 밤
그 밤을 미워할까요

이미 엎질러진 일이 걸려
일이 수놓아질 삶
그 삶을 아파할까요

혹시, 누군가 나에게
별을 해칠 방법을 묻는다면
해치고 난 후에, 그 일은
돌이킬 수 없어요, 말하고 싶었습니다

관계

뭐가 그리 중요하다고
손에 피가 나도록
꽉 쥐고 있었던 걸까

결국, 아픔을 감당하지 못한 채
쥐었던 손을 놓던 순간

쿵 소리를 내며
추락하는 것 하나 없이
그저 부는 바람에
홀연히 사라져버린 것을

집

정말로 하기 싫은 일을
이를 악물고 했어야 하는 날에도
정말로 하고 싶은 일을
생각처럼 해내지 못했던 날에도

항상 있던 그 자리에서
웃음기 잃어버린 마음을
따스히 품어주는 곳이 있었다

그렇기에 나는
또 한번
내일의 안녕을 바랄 수 있었다

손편지

쓰러져 있는 꽃에게
괜찮냐고 묻지 않겠다
꼭 서있어야 할 이유가 없으니까
쓰러져 있어도, 꽃은 꽃이니까

슬퍼하는 너에게
괜찮냐고 묻지 않겠다
꼭 괜찮아야 할 이유가 없으니까
슬픈 너라고, 네가 아닌 건 아니니까

쓰러져도, 슬퍼해도, 괜찮지 않아도
괜찮다, 괜찮다, 괜찮다

그 모든 물음은

불확실한 미래에 대한
수많은 자문에 뒤덮여
매일을 괴로워 하는, 나를 위해

나는, 그 모든 물음에
침묵하기로 했다

그리고
스스로 선택한 길을 믿고
꾸준히 나아가자 알게 되었다

그 모든 물음은
나를 옭아맸던 족쇄이자
애초에 답을 할 수 없는 것과
물음 자체가 정답이었던 것이
대부분이었다는 것을

착하다는 것은

어릴 적 '착하다'는 말을 들으면 참 기뻤다. 아직 잘하는 게 많지 않았던 나에게 그 말은 특별한 장점으로 느껴졌다. 하지만 어느 순간부터 '착하다'는 말은 누군가를 낮추고, 호의를 당연한 것으로 만드는 무거운 이름표가 되어버렸다.

착한 사람은 늘 참고, 이해하며, 자신의 마음을 숨겨야만 했다. 누군가 아무리 모질게 굴어도 속으로 화를 삼켜야 했고, 그런 스스로의 모습이 너무 부끄러웠다. 그래서 나는 '착함'이라는 익숙한 울타리를 벗어나려 애썼고, 어쩔 수 없이 미움받는 용기를 조금씩 배워나가야만 했다.

그러던 어느 날, 한 사람을 만나면서 내 생각은 완전히 달라졌다. 그 사람은 진심으로 친절하고 배려 깊었으며, 누구나 인정할 만큼 착한 사람이었다. 하지만 그는 동시에 단단했고, 옳고 그름을 분명히 알았으며, 자신의 의사를 조용하지만 확실하게 전할 줄 아는 사람이었다. 그에게 '착하다'는 것은 약함이 아니라 가장 큰 장점이었다. 그는 '착한 사람은 약하다'는 편견을 단호히 부정하는 사람이었다.

그때야 비로소 깨달았다. 지금껏 내가 알고 있던 '착함'의 정의는 모두 타인의 시선과 기준에 의해 만들어진 것임을. 나는 그 기준에 맞추기 위해 스스로를 끊임없이 낮추고 있었다. 그 사실을 알게 된 순간, 나는 굳게 다짐했다. 이제는 더 이상 타인의 잣대에 흔들리지 않고, 나만의 기준에 따라 누구보다 강하고 착한 사람이 되겠다고.

그 다짐을 한 후에야 비로소 나는
스스로를 미워하는 마음을 놓아줄 수 있었다.

구,원

구, 원, 동그라미
머릿속에 잔뜩 그리다 보면
어느 순간, 나에게도
구원이 올까

이런 덧없는 생각으로, 긴 밤을 넘기면
결국 나에게 찾아오는 것은
그저 다음날의 아침이었다

하지만, 곧 알게 되었다

매일 찾아오는 아침이
당연함과 익숙함으로 포장된
하나의 구원이었단 것을

꽃일 수 밖에 없다

꽃은 스스로
꽃이라 증명하지 않아도
꽃일 수 밖에 없다

성난 바람에
이리저리 흔들리며
스스로를 의심하지 말아라

누군가는 꼭
알아봐 줄 테니

다정함

어쩌면, 그대가 마주했던 다정함은
당신이 하루를 버티기 위해 기울인 노력만큼
어렵고 힘든 일이었을지도 모른다

다정함은 본성도 재능도 아닌
누군가를 향한 관심과 노력이란 것을
우리는 알아야 한다

그리고, 그것을 알고 난 후
정말로 힘든 상황속에서,
누군가의 다정함을 마주할 때면
우리는 그 따뜻함에
펑펑 목놓아 울어도 충분하다

그림자

모든 곳에 빈틈없이
빛이 내려 앉는다면

저마다 가슴에 품고 있는
숨기고 싶은 아픔을
꼭꼭 감추지 못하고
모두가 알게 될까 봐

누군가 빛 속에
어둠을 심어 놓았다

INFP

밖에선 조용히 있다가
집에 들어와서는
그루비한 팝송에 몸을 맡기던 일

걱정이 꼬리에 꼬리를 물다
결국 끝은 나의 죽음이고
이런 내가 싫다가도
이런 내가 특별하다 느꼈던 일

떨어지는 꽃잎을 잡고는
마치 봄을 가진 것만 같아
혼자서 흐뭇해하던 일

다른 이들이 볼 때는
이상하다 여길 상황
허나 내게는, 과히 낭만이었다

화무십일홍

죽음이 두렵냐고 물었다
소년은 대답했다

죽음이 두려워
피어나기를 주저하는 꽃이 있겠습니까

설령 제가 옳은 길로 나아가지 못하고
부패에 찌든 채로 사라진다 한들,
개화기는 반드시 돌아올 것입니다

그리고 그때, 저 대신 누군가
그 자리에 활짝 피어주겠지요
그러니 저는 주저하지 않겠습니다

소확행

머물던 시간 속에서
행운을 찾고, 행복으로 이끌어 가는 것

현재 당신이 할 수 있는
가장 작고, 아름다운 일

닫는 글

안녕하세요, 배정환입니다.
요즘 들어 그 어느 때보다 시간이 소중하게 느껴집니다. 하고 싶은 일도, 꼭 해야만 하는 일도 너무나 많은데, 시간을 쪼개고 또 쪼개도 늘 부족하기만 합니다. 그래서일까요, 여러분이 이 책을 위해 내어 주신 그 시간이 얼마나 값진 것인지, 누구보다 잘 알고 있습니다.

여러분의 소중한 시간이 헛되지 않도록, 매일 글을 지우고 다시 쓰기를 반복했습니다. 한 단어, 혹은 문장 앞에서 수백 번을 고민하고 매달렸습니다. 그리고 그런 모든 과정에서, 쉽게 쓰이는 글은 단 하나도 없다는 것을 깨달았습니다.

그렇기에, 앞으로 하나의 단어 혹은 문장을 적더라

도, 그 안에 많은 생각과 가치를 담을 수 있는 작가가 되어, 꾸준히 여러분 곁으로 다가가겠습니다. 이 책이 세상에 나올 수 있도록, 늘 변함없는 응원과 격려를 보내주신 모든 분께, 진심으로 감사드립니다.

봄, 여름, 가을, 겨울
그 어느 계절에 계시던, 참 좋은 날입니다.
한 번 더 웃고, 한 번 더 행복하시길.

배정한

따뜻한 대답이라고 정답은 아니었다

2025년 8월 12일 초판 1쇄 발행

글 배정환
발행인 박윤희

발행처 도서출판 이곳　**디자인** 디사인스튜디오 이곳
등록 2018. 10. 8 신고번호 제2018-000118호　**이메일** bookndesign@daum.net
홈페이지 https://bookndesign.com　**팩스** 0504.062.2548
블로그 blog.naver.com/designit　**인스타그램** @book_n_design

저작권자 ⓒ 배정환 2025
ISBN 979-11-93519-32-5(03800)

- 이 책은 저작권법에 따라 보호받는 저작물이므로 무단전재와 무단복제를 금지하며, 이 책 내용의 전부 또는 일부를 이용하려면 반드시 저작권자와 "도서출판 이곳"의 서면 동의를 받아야 합니다.
- 잘못 만들어진 책은 구입하신 곳에서 교환해드립니다.
- 값은 뒤표지에 있습니다.

도서출판 이곳
우리는 단순히 책을 만들지 않습니다.
작가와 책이 마주치는 이곳에서 끊임없이 나음을 넘어 다름을 생각합니다.